新・この一冊から

子どもと本をつなぐあなたへ

「新・この一冊から」をつくる会編

表紙絵　松岡享子
装丁　古賀由紀子

はじめに

東京子ども図書館では、一九八六年に、『この一冊から――はじめて児童奉仕にたずさわる人のために』と題するブックリストを刊行しました。それは、当時、図書館で児童室に配属される人たちの多くが、児童書に対する知識もなく、訓練も受けないまま、いきなり児童担当になって困惑している状況を憂えて、その人たちに、まずは手がかりになる本を紹介して、子どもの本に親しんでもらおうと編まれたものです。絵本・昔話・フィクションの三つのジャンルから、合わせて二十七冊が選ばれましたが、いずれも、子どもたちに読み継がれた珠玉の作品でしたから、そのおもしろさに惹かれて、児童室の蔵書を次々に読破した人もいたという、うれしい報告も聞いています。

さて、それから二十年以上経った現在、図書館の状況はといいますと、残念ながら、少しもよくなっていません。職員が、充分な養成・教育を受けることなく、児童奉仕を担当する状況は変わらず、少し経験を積んで、仕事がたのしくなりはじめたころ異動という事態も以前のままです。加えて、ここ数年、子どもの読書に関わるボランティアの人たちが急激に増えました。子どもたちによい本を届けようという意欲は充分でも、何を選ぶかとなると、戸惑う人も多いでしょう。

一方、児童書の出版は盛んになりました。書店には新刊書が溢れ、どこの図書室も膨大な蔵書をかかえるようになりました。子どもたちにすすめる一冊を選ぶ作業は、ますますむずかしくなっています。この冊子は、そのような状況の中で、長年、図書館、学校、文庫などで、子どもと、子どもの本に接してきた人たちが、新しく仕事につく人たちのために、まずこれから読んでみては、と個人的におすすめする気持ちで選んだ本のリストです。

ここにあげた本を読めば、子どもの本のおもしろさも、広がりも、水準も、おおよそのところがつかめて、少しは自信をもって仕事に向かえるのでは、と期待してのことです。

この新しいリストでは、先のリストになかった詩・わらべうた、伝記・エッセイ、ノンフィクションのジャンルからも本を選び、さらに、図書館での児童奉仕についての理解を深めるための本も加えました。ここから、子どもの本のすばらしく豊かな世界への、また、子どもと本をつなぐという、たのしくもやりがいのある仕事への、一歩を踏み出してくださったら、と願います。

もくじ

この本を利用される方へ

◆「絵本」「フィクション」「昔話・神話」「詩・わらべうた」「伝記・エッセイ」「ノンフィクション」「児童奉仕を理解するために」の七つのジャンルに分けた四十一冊の本を取り上げました。

◆書誌的事項は、書名、副題、シリーズ名、著者・訳者・画家名、出版社名、出版年、本の大きさ（縦×横　単位はcm）、ページ数の順になっています。また、表記は原則として標題紙に従いました。記載がない場合は［　］に入れて補記しました。

◆巻末の書名索引、人名索引は五十音順に配列しました。

絵本

もりのなか
三びきのやぎのがらがらどん
ちいさいおうち
だいくとおにろく
ぐりとぐら
ひとまねこざるときいろいぼうし

たくさんの子どもがくり返し、くり返し、読み続け、長い年月、輝き続けている絵本があります。その代表的な絵本を六冊、ここに選んでみました。

何が子どもをそんなにひきつけてきたのでしょうか。

しなやかな子どもの感性が選んだ、これらの本を読むことで、あなた自身の中にもある、子どもの心の原点が見えてくるのではないでしょうか。

今、一見、美しく、ストーリーも奇抜な絵本がたくさん出版されています。それらの絵本と、見た目は地味かもしれないけれど、子どもたちの心をつかんできた本と、どこが違うか、ご自分に問いかけてみてください。答えをさぐるうち、きっと、絵本を評価する基準がおのずと見えてくるでしょう。

絵本の棚の前で、何を選べばよいかわからずにいる子どもがいたら、まず、ここに選んだ六冊から、その子に合いそうな絵本を読んであげてください。きっとお話の世界にひき込まれていくと思います。

もりのなか

マリー・ホール・エッツ ぶん・え
まさき るりこ やく
福音館書店　一九六三年
19×27　三九ページ

小さい男の子のぼくは、紙の帽子をかぶり、新しいラッパをもって森に散歩にいきます。昼寝をしていた大きなライオンが髪をとかしてから、ぼくについてきました。二匹のぞうの子は、セーターを着てついてきます。くまもなめていたジャムをもって……、それから、かんがるーも、さるも……。みんなそろって行列です。森でいっぱい遊んで、最後はかくれんぼ。ぼくがおにになったとき……。

柔らかな風合いの黒一色の絵は地味ですが、子どもは驚くほど自然に物語の中へはいり込んでいきます。米国での原作刊行は一九四四年、ずっと子どもの人気を保ち続けてきました。作者のエッツが子どものころ一番好きだったのは、森にでかけ、動物たちが現れるのをじっと待っていることだったといいます。そんな作者の原体験が、子どもたちの共感を呼び、想像の世界へと誘うのでしょう。

三びきのやぎのがらがらどん——アスビョルンセンとモーによるノルウェーの昔話

マーシャ・ブラウン え
せた ていじ やく
福音館書店　一九六五年
（新版二〇〇七年）
26×21　三二ページ

山へふとりに行く三匹のやぎ。名前はどれもがらがらどん。ところが、登る途中の橋の下には、「ぐりぐりめだまは　さらのよう、つきでた　はなは　ひかきぼうのよう」なトロルがいて、やぎたちをひとのみにしようと待ち構えています。小さいやぎと、中くらいのやぎが、何とかうまく逃れたあと、さて、最後にやってきた大きいやぎは……。

子どもは、テンポのよい筋運びにひきつけられ、大きいやぎとトロルとの一騎打ちの場面ではかたずをのんで聞きます。明快な始まりと、三度のくり返し、大団円と、典型的な昔話の様式を生かした場面構成、黒の線画に青、黄、茶色を重ねた迫力のある絵がお話に力を与えています。

一作ごとに手法を変えて数多くのすぐれた絵本を生んだアメリカの画家による昔話絵本の傑作。訳文も歯切れよく、読み聞かせると、この本の底力がよくわかります。

ちいさいおうち

ばーじにあ・りー・ばーとん ぶん・え
いしい ももこ やく
岩波書店　一九六五年
24×25　四〇ページ

静かな田舎の丘の上に、ちいさいおうちがしっかりと丈夫にたっていました。ひなぎくやりんごの木に囲まれ、季節の移り変わりをたのしむ平和な暮らし。

ところが、やがて車が現れ、丘は切り開かれ、広い道路が作られます。多くの人が行き交い、地下鉄が走り、ビルが連立し、田舎は大都会になってしまいます。おうちには住む人もなくなり、もう月や星も見ることができません。ところが、ある日、この家を建てた人の「まごの まごの そのまた まご」がこのおうちを見つけます……。

画面の真ん中に、いつも変らずじっとたっているおうち。子どもはこの無言の主人公に、ぴったりと心を添わせて、お話を聞きます。美しく、細部まで描き込まれた動きのある絵は、季節の移り変わりや時の流れをダイナミックに表現しています。静かで暖かい余韻とともに、自然への憧憬を呼び覚ましてくれる、スケールの大きい米国の絵本です。

だいくとおにろく

松居直 再話
赤羽末吉 画
福音館書店　一九六二年
20×27　二七ページ

昔、とても流れの速い川があって、村人たちは名高い大工に橋をかけてくれるようたのみます。大工が川を見つめていると、流れの中から大きな赤鬼が「ぶっくり」現れて、目玉をよこせば、橋をかけてやるといいます。

橋は二日のうちにりっぱに出来あがり、鬼は目玉をよこせと迫ります。大工が逃げ出すと、鬼は名前をあてれば許してもいい、といいます。困りはてて山をさまようちに、大工が耳にした子守唄の中に鬼の名が……。

世界中によくある、名あての昔話ですが、鬼の登場が子どもをひきつけ、素朴で簡潔な語り口が緊張感を生みます。

絵巻物風の彩色画と水墨画風の白黒の絵が見開きごとに交互に置かれています。その大胆な構図や、優雅さの中に力強さをもった絵が、日本の昔話のもつ力と特徴をよく伝えています。

ぐりとぐら

なかがわ りえこ さく
おおむら ゆりこ え
福音館書店　一九六七年
20×27　二七ページ

「ぼくらのなまえはぐりとぐら、このよでいちばんすきなのは、おりょうりすることたべること、ぐりぐら、ぐりぐら……」二匹の野ねずみのうたう、たのしそうな歌。

子どもたちは、リズミカルなことばに導かれ、ぐりとぐらといっしょに、森にはいり込みます。そして、大きなたまごを見つけ、特大のカステラを焼き、森の動物たちとおいしく食べます。あとに残ったたまごの殻で、二匹が作ったものは？　子どもたちは、それを見て歓声をあげます。

一九六七年の刊行以来、ずっと日本の代表的な絵本として、外国でも広く愛されてきました。

保育者である作者と子どもたちのふれあいから生まれた、肉声が聞こえるような歯切れのよい文章と、温かみのある絵が、どんな子の心もとらえます。図書館に来る幼い子と親しくなるためには、まずこの絵本から。続編多数。

ひとまねこざるときいろいぼうし

H・A・レイ文・絵
光吉夏弥訳
岩波書店　一九八三年
28×22　五五ページ

なんでも知りたい、やってみたくてたまらない、そんな子どもたちの好奇心を、そのまま行動に移したような主人公・こざるのじょーじの話です。あまり絵本を読んだことのない、元気な男の子にうってつけの一冊。

アフリカ生まれのおさるのじょーじは、しりたがりやでひとまねが大好き。黄色いぼうしをかぶったおじさんに捕まって、船に乗せられ、大きな町に連れていかれます。かもめのまねをして船べりから海に落ちたり、町に着いても、電話をいたずらして消防自動車を呼んでしまったり……。ろうやに入れられても、じょーじは全然へこたれず、旺盛な好奇心はつきません。

原作は一九四一年刊。古典的なマンガ風の絵がたのしく、動きがあり、今でも新鮮で、人気のある米国の絵本です。シリーズの一冊目。他に『ろけっとこざる』など。「岩波の子どもの本」の小型本もあります。

フィクション

エルマーのぼうけん
チム・ラビットのぼうけん
やかまし村の子どもたち
くしゃみくしゃみ天のめぐみ
大どろぼうホッツェンプロッツ
ラモーナとおとうさん
ライオンと魔女
エーミールと探偵たち
宝島
太陽の戦士

図書館員が子どもに本を手わたすとき、一番大切なことは、わたす人がその本のたのしさを知っている、ということです。本といっしょに、あなたの思いも届けるためには、まず、あなた自身がたのしいと思える本を見つけることです。

ここにあげた本は、子どもたちが長い間読み継いできたもので、文学的にもすぐれたものばかりです。小学校の低学年から中学生まで、読者対象の年齢順に並べてあります。内容も、ファンタジー、リアリズム、ユーモアのある作品、温かい作品、冒険ものと、できるだけタイプの違うものを選び、偏りのないように心をくばりました。

どうぞ、子どもにかえったつもりで、一冊ずつ読んでみてください。きっと夢中で読んでいる自分に気づくことでしょう。そうなったらしめたもの。他の本にも、どんどん手を伸ばしてください。フィクションの世界は無限の魅力をもっています。よい作品に出会えば出会うほど、これからの仕事に必要な、本への信頼と、図書館員としての力、さらには、すぐれた子どもの本の指標も身についていくことでしょう。

エルマーのぼうけん

ルース・スタイルス・ガネット さく
わたなべ しげお やく
ルース・クリスマン・ガネット え
子どもの本研究会 編集
福音館書店 一九六三年
22×16 一一八ページ

九歳の男の子エルマーは、どうぶつ島で荷物運びをさせられているかわいそうなりゅうの子の話を猫から聞き、ひとりで助けに出かけます。リュックにつめたのはリボン、チューインガム、虫めがね、棒つきキャンデー、輪ゴム、長ぐつ……。島の密林では、トラやライオン、ゴリラなどが彼を捕まえようとします。エルマーは、リュックの中味と奇抜な計略で、次々と動物たちを出し抜いていきます。

ずっと読み継がれている幼年童話の傑作です。長めですが、どの場面でも、エルマーの気持ちがきちんと描かれていて、訳文もおもしろく、小さい読者は、主人公と一体化して、ハラハラしながら冒険をたのしむことができます。白黒のやや様式的な絵も、本の内容をたっぷり表現していて、子どもの心をとらえます。幼児には、続きものとして読み聞かせるとよいでしょう。続編が二冊あります。

チム・ラビットのぼうけん （チムとサムの本1）

アリソン・アトリー 作
石井桃子 訳
中川宗弥 画
童心社　一九六七年
22×16　一九〇ページ

村の草刈り場に住む元気なうさぎの男の子チム・ラビットが、日々体験する驚きや喜びを、幼い読者の気持ちにぴったり寄り添うように描いたお話九編。見つけたハサミで、自分の毛を全部刈ってしまったり、人間の子がかさをさしているのを見て、きのこをさして歩いてみたり……。田園を舞台にしたお話はどれもみずみずしく、ユーモラスです。おかあさんうさぎに温かく見守られながら、好奇心いっぱい、のびのびと遊ぶチムは、幼い子どもそのものです。

農場で生まれ育った作者が、背景に織り込んだ自然の美しさや厳しさ、物語の中にうまく溶け込ませたなぞなぞなどの伝承が、物語に奥行きを与えています。

美しくリズム感のある訳文で、語るにもぴったり。のびやかな線画の挿絵は、チムの愛らしさを見事にとらえています。続編に『チム・ラビットのおともだち』があります。

やかまし村の子どもたち

（リンドグレーン作品集4）

アストリッド・リンドグレーン 作
大塚勇三 訳
イロン・ヴィークランド さし絵
岩波書店　一九六五年
22×16　一九六ページ

家が三軒しかないスウェーデンの田舎の農村・やかまし村には子どもが六人。南屋敷のオッレ、北屋敷のブリッタとアンナ、中屋敷のラッセとボッセとリーサです。自然の中で、家族の愛情に包まれてのびのびと暮らす、六人の子どもたちの日常を、リーサがいきいきと語ります。

七歳の誕生日に初めて自分の部屋をもらったリーサの溢れるような喜び、クリスマスの前にみんなでショウガ入りクッキーを作るたのしさなどを描いた、全部で十七編の物語は、友だちから話を聞いているような感覚で、らくに読める内容と長さです。続編に『やかまし村の春・夏・秋・冬』『やかまし村はいつもにぎやか』があります。

著者は、『長くつ下のピッピ』『名探偵カッレくん』でも知られる世界的児童文学作家で、この作品には著者の幸せな子ども時代がうつし出されています。

くしゃみくしゃみ天のめぐみ

松岡享子 作
寺島龍一 画
福音館書店 一九六八年
21×19 九四ページ

むかしむかし、並はずれて大きなくしゃみをするおばさんがいました。その息子「はくしょん」が、くしゃみのおかげで長者の婿になり、幸せになる、という表題作の他、しゃっくり、いびき、おなら、あくびを題材にした昔話風の創作が四話はいっています。

天に昇って雷になった、どえらいいびきかきの「かん太」、ホーホケキョという音とともに梅の香りのおならをする「梅の木村のおならじいさん」、腹の中にすずめの大群を住まわせる大食らいの「あくびあやたろう」など、いずれもけたはずれの主人公が登場し、途方もない出来事が起こりますが、話はトントン拍子に運んで、めでたし、めでたし……。

語り口は軽快、ことばのひびきも愉快で、小学生に読んでやると、笑いがわき起こります。底抜けにたのしいお話なので、小学校低・中学年の子どもに広くすすめられます。

大どろぼうホッツェンプロッツ

オトフリート・プロイスラー 作
中村浩三 訳
F・J・トリップ さし絵
偕成社　一九六六年
22×16　一八四ページ

「おもしろい本なーい？」と図書館に来る三、四年生の男子には、まずこの本をすすめています。ひげもじゃで、腰に七本の短刀とサーベル、手にはピストルの悪名高き大どろぼうや、悪党の大魔法使い、妖精、まぬけなおまわりさん……。子どもたちの大好きな登場人物が揃っています。

カスパールと親友のゼッペルがおばあさんの誕生日に贈った、新式のコーヒー挽きが、盗まれた！　その大どろぼうを捕まえようとした少年たちは、逆に捕まえられ、ひとりは下男にされ、ひとりは魔法使いに売りとばされます。

妖精の助言、魔法、三つの願いなど、昔話の要素も取り入れ、読者をハラハラさせながら物語は進みます。動きのある洒落た線画が、そのたのしさを倍増させます。

本を返しにきた表情で、子どもたちが主人公たちの大冒険に大満足したことがわかります。続編二冊。

ラモーナとおとうさん（ゆかいなヘンリーくんシリーズ）

ベバリイ・クリアリー 作
松岡享子 訳
アラン・ティーグリーン 絵
学習研究社　一九八二年
（改訂新版　二〇〇一年）
20×14　二二三ページ

アメリカはオレゴン州の小都市に、両親とおねえさんの四人家族で住んでいるラモーナは、好奇心旺盛で、想像力抜群の女の子。本書は、一九五〇年原書刊行の『がんばれヘンリーくん』にはじまる息の長いシリーズの第十作目で、ラモーナは、この巻で小学校二年生になりました。

お父さんが会社を首になり、お母さんが働きに出るようになって、生活が激変。精一杯家族を愛し、何とか自分も役に立ちたいと願うラモーナは、テレビのCMに出れば自分もお金が稼げるかと考えたり、お父さんに禁煙させようとがんばったり……。

自分の行動が裏目に出たときの落胆も含め、子どもなら誰にも覚えのある思いを、親身に、しかもユーモラスに描いています。常識からはみ出すことの多いラモーナを、あるがままに受けとめる両親の姿も大きな魅力です。

ライオンと魔女（ナルニア国ものがたり1）

C・S・ルイス 作
瀬田貞二 訳
ポーリン・ベインズ さし絵
岩波書店　一九六六年
21×16　二五四ページ

四人兄妹がロンドンの空襲を避けて田舎の古い広大な屋敷にやってきます。屋敷を探検中、衣装ダンスの戸を開けると、そこは雪におおわれたナルニア国の入口でした。ナルニア国は、やぎ足のフォーンや、半人半馬のセントール、妖精などが住む、緑美しい国でしたが、今は白い魔女に支配され、永遠に冬の国となっていました。四人は偉大なライオンのアスランとともに、白い魔女に戦いを挑みます。

ケンブリッジ大学の英文学教授だった著者の手になる全七巻の長編ファンタジーの一巻目。

いずれも、善と悪、正と不正、愛と死、罪と贖罪など、深いテーマが底に流れていて、宗教的な作品と見る向きもありますが、子どもにとっては、胸おどるたのしい冒険物語として、人気を保ち続けてきました。子ども時代に読んで、心に残っているというおとなが大勢います。

エーミールと探偵たち（ケストナー少年文学全集1）

エーミール少年はお母さんと二人暮らし。おばあさんにお金を届けるため、ひとり汽車でベルリンに向かう途中、お金を盗まれてしまいます。怪しい山高帽の紳士を追って下車した彼は、知り合ったベルリンの少年たちとお金を取り戻す作戦をたてます。「あいことばエーミール!」を鍵に、百人もの少年たちが泥棒を追いつめる場面は圧巻です。

筋立てのおもしろさに加え、真面目で母親思いのエーミール、行動的で統率力のあるグスタフ、頭脳明晰な〝教授くん〟など、ケストナーの理想とする理知的で行動力のある少年たちがいきいきと活躍する様子は、いつ読んでも新鮮な感動を呼びます。一九二九年の作ですが、痛快な探偵・冒険物語として、時代を超えて読み継がれている作品。

機智に富み、ユーモア溢れる物語にマッチした、軽妙自在なペン画の挿絵もたのしんでください。

エーリヒ・ケストナー 作
高橋健二 訳
ワルター・トリヤー さし絵
岩波書店　一九六二年
21×16　二一二ページ

宝島 （福音館古典童話シリーズ）

ロバート・ルイス・スティーブンソン作
坂井晴彦訳
寺島龍一画
福音館書店　一九七六年
21×17　四五八ページ

顔に刀傷のある老水夫が、ジム少年の父親が経営する港の宿に現れる冒頭から、息をもつかせぬ展開。一八八三年に英国で出版されて以来、子どもからおとなまで、幅広い人々をひきつけてきた海洋冒険小説の古典です。

老水夫が死に、荷物の中から宝島の地図を見つけたジムは、村の有力者の地主、医者のリブジー先生とともに、船で宝島に向かいます。集めた水夫たちはひと癖もふた癖もある男たちで、やがて凄まじい宝の争奪戦がはじまります。

登場人物の個性が脇役にいたるまで、ていねいに描かれていますが、中でも出色は、片足のコック、実は海賊のジョン・シルバー。陽気で愉快、残酷で悪賢い複雑な性格は魅力的で、物語のスリルとサスペンスを高めています。あまりに有名な物語なので、様々な形で紹介されていますが、原作ならではのおもしろさを完訳で味わってください。

太陽の戦士

ローズマリ・サトクリフ 作
猪熊葉子 訳
チャールズ・キーピング 絵
岩波書店　一九六八年
23×16　三二八ページ

紀元前九〇〇年頃、青銅器時代のブリテンを舞台にした歴史小説です。右腕のきかない少年ドレムの部族では、狼との一騎打ちに勝利した若者だけが戦士になるというしきたりがありました。ドレムは勇敢な片腕の猟師タロアに導かれ、槍の訓練をし、〝わかものの家〟で仲間とともに自分を鍛えます。運命の日、狼殺しに失敗したドレムは、部族を去り、羊飼いとなって絶望の日々を送りますが……。

挫折の苦しみを乗り越え、自分の場を獲得していく少年の、成長期特有の内面や、友情、周りのおとなたちの愛情を克明に描きつつ、時代や生活をも活写する作者の確かな力量が伝わる傑作です。中・高校生向きですが、自分では手に取りにくい本なので、身近にいるおとなが手わたしてほしいと思います。読後に「この本には人間の本質が描かれている」といった高校生のことばが印象に残っています。

昔話・神話

イギリスとアイルランドの昔話
日本昔話百選
白いりゅう黒いりゅう
子どもに語るグリムの昔話　1〜6
ギリシア神話
エパミナンダス

「桃太郎」「三びきのこぶた」「赤ずきん」……。子ども時代、だれもがたのしんだお話。これらはみな昔話です。人から人へ、口づてに伝えられてきた昔話は、その時代の人々の心やその土地の文化を織り込みながら、生き続けてきました。私たちは昔話をたのしみながら、多くの知恵を学び、空想の海に浸ることの爽快さや、物語にひき込まれる喜びを知ったのです。そして、それは、まさに文学のもととなった世界です。

ゆっくりと心をひらいて、民族の文化遺産である「おはなし」をたのしんでください。そして、声に出して子どもたちに読んであげてください。できれば、その中のいくつかを自分のものにして、子どもに語ってみてください。子どもとの距離がぐっと近くなります。子どもとともに物語をたのしむ体験は、あなたにとって、子どもに本を手わたす仕事を続けるエネルギーになり、同時に本を選ぶ目を鍛えてくれるでしょう。

イギリスとアイルランドの昔話

石井桃子 編・訳
ジョン・D・バトン 画
福音館書店　一九八一年
22×16　三三三ページ

不思議な話、ユーモラスな話、ロマンティックな話、怖い話など、英国の昔話二十二編、妖精や小人が出てくるアイルランドの昔話八編、計三十編が収められています。「三びきの子ブタ」「ジャックとマメの木」などは、よく知られていますが、この本にある本当の話を知って、流布しているものとの違いに驚かれるかもしれません。

昔話を子どもの文学として定着させた英国のジェイコブズの *English Fairy Tales* と詩人イェーツのアイルランドの昔話集等から訳者が選び、編集しました。

詩のようなリズミカルな文章や、小気味よい言い回しが耳に心地よい訳文です。読んでも語っても本物の昔話と出会えると同時に、日本語の美しさ、豊かさも堪能できます。絵本から物語へと子どもたちを導く、図書館員にとって強い味方となる一冊です。

日本昔話百選

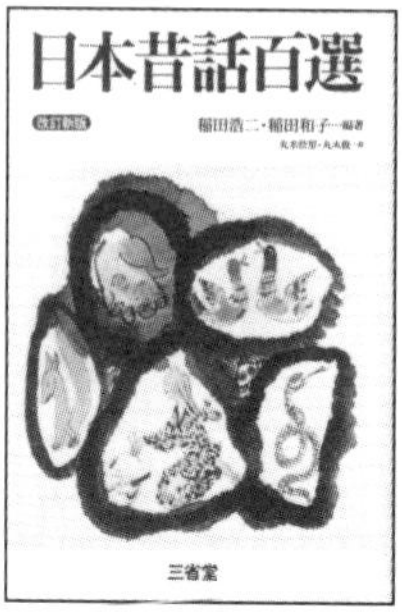

稲田浩二、稲田和子 編著
丸木位里、丸木俊 絵
三省堂 一九七一年
（改訂新版 二〇〇三年）
19×13 四五四ページ

一般書ですが、現代の語り部をめざす図書館員には、まず読んでほしい本です。また、収載されている昔話は、当然、知識としても知っておいてほしいと思います。

語り伝えられてきた昔話を、語り手が内蔵する風土ごと伝えたいと、できるだけ原話を尊重して再話されています。「桃太郎」「花咲爺」など、おなじみの話、愉快な小噺、才知を働かせてしたたかに生きる男の話……、いずれも庶民の知恵や願いのこもった豊かで多彩な内容です。

その土地の飾らない暮らしことばで、あるがままの姿をそのまま伝えるこの百話から、力強くおおらかに、逞しく生きてきた日本人の心がまっすぐ届き、私たちに力を与えてくれるようです。各話に簡単な解説がついています。

子どもが読んでたのしむには稲田和子・筒井悦子著の「子どもに語る日本の昔話」1～3（こぐま社）がおすすめです。

白いりゅう黒いりゅう——中国のたのしいお話（岩波おはなしの本）

賈芝《チャーチ》、孫剣冰《スンチエンピン》 編
君島久子 訳
赤羽末吉 絵
岩波書店 一九六四年
23×16 一五六ページ

三年ごとに洪水を起こし、人を食う黒いりゅうに息子を食われた大工の名人が、白いりゅうを彫り、黒いりゅうに戦いを挑む表題作のほか、チベット族の王子が苦難の末に麦のタネを手に入れ、国中に金色の麦を実らせる「犬になった王子」、プーラン族の「天地のはじめ」など、中国の少数民族に伝わる六編の昔話を収載しています。

ものの由来から天地創造まで、バラエティに富んだダイナミックな話は、その地に生きる人々の願いや独特の文化を伝えるとともに、そこに吹く風も感じさせます。柔らかく、ユーモラスな絵も大陸的なおおらかさを伝えています。

この「岩波おはなしの本」シリーズ十一冊には、エチオピアやアラスカ・エスキモーなど、世界各地のお国ぶりをあらわす珍しくておもしろい昔話が集められていて、子どもをお話の世界へと誘う、魅力的な選集となっています。

子どもに語るグリムの昔話 1〜6

十九世紀、グリム兄弟は、ドイツで伝承されてきた昔話を収集し、『子どもと家庭のためのメルヘン』として刊行、七版まで改訂を続けました。日本でも明治時代から、広く紹介されてきましたが、改作も多く、原作を知る人は少ないでしょう。本物のグリムの素晴らしさに出会うために、この本をおすすめします。七版から「赤ずきん」や「おおかみと七ひきの子やぎ」、「いばらひめ」、「灰かぶり」など、六十四話が選ばれ、六巻に分けて収録されています。

グリムに造詣の深い、ドイツ文学者の野村氏とお話の名手の佐々氏のコンビによる原作に忠実な訳は、舌にのりやすく、読み聞かせや語りに適しています。語っているおとなが、聞く子どもといっしょに不思議な世界を旅しているような、昔話を語る醍醐味が味わえる選集です。十歳以上の子どもであれば、自分で読んで、たのしめるでしょう。

ヤーコプ・グリム、
ヴィルヘルム・グリム［編］
佐々梨代子、野村泫 訳
ドーラ・ポルスター 挿絵
こぐま社 一九九〇年〜一九九三年
18×14 各一八五ページ前後

ギリシア神話

石井桃子 編・訳
富山妙子 画
のら書店 二〇〇〇年
21×16 三四二ページ

わかりやすい簡潔なことばで書かれた、小学校上級向きのギリシア神話。神話の世界への第一歩として最適です。人間に火を与えたため、ゼウスの怒りをかう「プロメテウスの火」、開けてはいけない箱を開け、人間に苦しみと希望をもたらしたといわれる「パンドラ」、蛇の頭をもつメドゥサの首をとりにいく「ペルセウス」など、ギリシアの神々の物語が二十二編と、ホメーロスの叙事詩「トロイア戦争」「オデュセウスのぼうけん」が収められています。

自然の不思議や、愛と憎しみなど人間のもつ根源的な感情が、神々や英雄たちの冒険を通してダイナミックに描かれます。ギリシアという一地域の物語ですが、現代の私たちにも通じる普遍的なテーマです。古代の人の途方もない豊かな想像力を、子どもに本を届けるおとなにも、今の子どもたちにもたのしんでほしいと思います。

エパミナンダス（愛蔵版おはなしのろうそく1）

東京子ども図書館 編
大社玲子 絵
東京子ども図書館　一九九七年
16×12　一八三ページ

世界の昔話を中心に、わらべうた、なぞなぞ、手遊びなどを交えたお話集。実際に子どもに語って、語り手聞き手ともに、くり返したのしんだ作品を収めています。とんまな男の子エパミナンダスは、おばさんにもらったバターを、炎天下、頭にのせて歩き、バターだらけに。水の中で冷やしながら持ってくるものだ、とおっかちゃんにいわれ、次にもらった子犬を水につけて持ってくるという表題作。この話を思い出すだけでも笑いが止まらなくなる男の子がいました。

お話を語る人のテキストとして愛用されている小冊子版「おはなしのろうそく」を二冊ずつ合本して、ハードカバーにしたシリーズの一巻目です。活字を大きく、絵も多くして子ども自身でも読めるものになっています。「お話して」とせがまれたときに、頼れるシリーズです。

詩・わらべうた

ことばあそびうた
おーいぽぽんた
てんぷら ぴりぴり
あかちゃんとお母さんのあそびうたえほん

詩は体で感じるものです。自然界の不思議や生のよろこび・命の深さなどを、平易な、でも本質を突くことばでうたった詩は、直截に子どもたちに「よろこび」や「不思議」を感じさせ、たのしみをもたらす力があります。詩の中のことばのリズムもまた、その力をより強くします。理論ではなく、五感で、その短いことばの中にある広くて深い世界を味わってください。

また、うたって遊ぶわらべうたは、もともと子育てや遊びの中で親から子へと伝えられてきた伝承文化です。うたの意味はわからなくても、心地よいことばの響きやリズムは、子どもの心と体に自然にはいっていきます。そして、幼い時期に、豊かなことばの世界にたっぷり触れるこの体験は、その後の文学をたのしむ土壌となります。

まず、あなた自身が声に出して読み、味わってみてください。そして、子どもたちに手わたしたいと思う詩やわらべうたを見つけてください。子どもといっしょにとなえたり、うたったりするたのしさは、また格別です。

ことばあそびうた

谷川俊太郎 詩
瀬川康男 絵
福音館書店 一九七三年
23×14 三五ページ

「はなののののはな／はなのななあに／なずなななのはな／なもないのばな」

小学校の図書館で、この本を手にとった四年生の女の子が、こうつぶやきはじめました。「覚えているの?」と聞くと、にっこりと頷き、もう一度暗唱してくれました。声に出したときの感じや、頭に浮かぶイメージをたのしんでいるうれしそうな表情がとても印象に残っています。

似たことばや、同音異義語を使って作られた詩が十五編はいっています。「このこのこのこ／どこのここのこ／このこのこのこ／たけのこきれぬ」などは舌がもつれそうですが、ひとつひとつ意味をもつことばが重なって生み出すリズムが心地よさを醸し出します。

版画風の描き文字や挿絵で、手作りの本といった風情の美しい本です。続巻に『ことばあそびうた また』。

おーいぽぽんた——声で読む日本の詩歌166

茨木のり子、大岡信、川崎洋
岸田衿子、谷川俊太郎 編
柚木沙弥郎 画
福音館書店　二〇〇一年
24×16　一九四ページ
付録一一〇ページ

〝声で読み、耳で聞く〟、詩本来のたのしさを味わえる詩・短歌・俳句を一六六編収めています。お話会で「たんぽぽがたくさん飛《と》んでいく／ひとつひとつ／みんな名前《なまえ》があるんだ／おーい　たぽんぽ／おーい　ぽぽんた……」（「たんぽぽ」川崎洋）と読むと、子どもたちはすぐ唱和しますし、「しゅくだいはやくやりなさい／おなかがすいてできないよ」ではじまり、「まだしゅくだいがすんでない」にいたる「きりなしうた」（谷川俊太郎）は掛け合いでたのしみます。

　子ども向けだけでなく、万葉集から芭蕉、蕪村、そして北原白秋や三好達治などの近代詩まで、おとなにとっても心に響く、珠玉の詩歌が多く選ばれています。全体から日本人の美意識や叙情が、美しい日本語のもつリズムにのって立ちのぼってくるのを感じます。好きな詩を見つけて、声で子どもに届けてください。付録に『俳句・短歌鑑賞』。

てんぷら ぴりぴり　（子ども図書館）

まど・みちお 著
杉田豊 画
大日本図書　一九六八年
22×19　五八ページ

ほら　おかあさんが　ことしも　また
てんぷら　ぴりぴり　あげだした

一度聞くと忘れられない響き、「てんぷらぴりぴり」。すぐ口ずさみたくなります。

著者五十九歳のときの初めての自選詩集で、まどさんの原点がつまっています。普段何気なく見ている、石ころやビーズ、たまねぎなどのちっぽけな存在と詩人の心との共鳴や、子どもや小さい生き物を包み込むユーモアに満ちた温かい眼、一見無力のようだけれど、宇宙の中で力いっぱい生きている人間や動物への励ましが伝わってきます。

読んであげるなら小学校中級くらいから。大きい判型と文字は読みやすいし、おおらかな挿絵も好感がもてます。

無限に広がるまどさんの詩の世界への入口として、子どもたちに届けたい一冊です。

あかちゃんとお母さんのあそびうたえほん

小林衛己子 編
大島妙子 絵
のら書店 一九九八年
19×14 三九ページ

「だーるまさん、だーるまさん／にーらめっこ しましょ」をはじめ、「こーこは とうちゃんにんどころ」等、赤ちゃん向けの伝承わらべうた二十一編を収載しています。

それぞれの遊び方の説明と雰囲気が伝わる温かい絵が付き、図書館のわらべうたの会などでの実践にも、すぐ役立ちます。

いっしょにうたって遊べば、子どももおとなも、たのしく、豊かな気持ちになります。満ち足りた時間をおとなと共有したこの経験は、子どもにとって宝物となるに違いありません。そして、ことばを使った遊びに身を置いた時間は、その後の読書の土台にもなっていきます。

日々の暮らしの中で、子どもといっしょにわらべうたで遊ぶ時間をたっぷりともってほしいと思います。三歳から五歳向きの続編もあります。

伝記・エッセイ

エイブ・リンカーン
アンデルセン
科学と科学者のはなし

小学校中学年のころから、子どもは〝本当にあった話〟や〝昔のえらい人〟に興味をもつようになります。しかし、小学校の低・中学年向きに出版された伝記の中には、人物像や歴史の捉え方が甘く、通り一遍の事績を連ねた作品が多いようです。すぐれた伝記は、個人の一生をその人の生きた時代背景とともに活写します。急いでお手軽な作品をすすめず、歴史認識や読解力がある程度備わった高学年くらいから、本格的な伝記を手わたすのがよいと思います。

図書館員自身がすぐれた伝記を読み、伝記を通してさまざまな人間の生き方にふれるよろこびを味わってほしいと思います。被伝者の立場に自分を置けるか、その時代の空気を感じられるか、本の中でともに人生を歩めるか、ということがまず、すぐれた伝記の判断基準になるでしょう。

エッセイは一冊しか選べませんでしたが、文体の高潔さ、内容から、この一冊としました。巷に溢れるエッセイを読むとき、この温かく、かつ冷徹、軽妙洒脱な寺田寅彦の文章を思い出してください。おのずから、そのエッセイの価値が定まると思います。

エイブ・リンカーン（ジュニア版吉野源三郎全集4）

吉野源三郎 著
ポプラ社 二〇〇〇年
20×14 三二三ページ

ミシシッピー川を船で下って積荷を運ぶ仕事を任された労働者リンカーンが、偶然奴隷市場を見たときの衝撃から、この伝記ははじまります。そして、貧しい大工の子として生まれ、学校にも行けなかった、まじめで誠実な少年が、苦労して弁護士になり、ついには大統領に選出され、銃弾に散るまでを、詳しい歴史的・社会的背景の中にきっちりとはめ込みながら、細密に描き出します。大統領になっても決しておごらず、南北戦争で戦う兵士や、精神的に不安定な妻のことで苦悩する彼の姿に、この英雄が、私たちと同じ、ひとりの悩める人間だったという共感をもって読みすすめることができます。

哲学者でもある著者は、中学生向けの人生読本『君たちはどう生きるか』と同様、ここでもリンカーンの人生をたどりながら、思春期の若者たちと真正面から向き合い、「人間はどう生きるべきか」を熱を込めて問いかけています。

アンデルセン――夢をさがしあてた詩人

ルーマ・ゴッデン 著
山崎時彦、中川昭栄 共訳
偕成社 一九八〇年
（改訂版 一九九四年）
22×16 三七四ページ

「童話の父」として讃えられるアンデルセンですが、無名時代は大変貧しく、他人の援助を受けながら苦学、挫折の日々を送りました。作家として名声を得てからも、度重なる失恋や非常に繊細な感受性のために苦しみ続けました。

著者のルーマ・ゴッデンは児童文学『人形の家』や、映画にもなった小説『黒水仙』等を書いた作家ですが、同じ作家として、彼の作品のもつ価値と、そのもととなった鋭敏な感性に温かい理解を示しながらも、一方で冷静な厳しい目でその生涯を綴り、人間アンデルセンの姿を浮き彫りにします。

また、多くの作品を引用し、生涯の出来事と結びつけて描いているので、作品そのものへの興味もそそられます。

有名ゆえ、雑な改作や省略版も多いアンデルセン童話ですが、本書は、きちんとした形で作品を読み直すきっかけになり、より深く彼の作品を味わう助けになるでしょう。

科学と科学者のはなし——寺田寅彦エッセイ集（岩波少年文庫）

寺田寅彦［著］
池内了 編
岩波書店　二〇〇〇年
18×12　二八四ページ

卓越した物理学者であり、名随筆家としても著名な寺田寅彦。そのエッセイを十代で読んで科学者を目指したという編者により、中高生のために編まれたエッセイ集です。

茶碗の湯の面から立つ湯気から、雷やモンスーン気候などまでを考える「茶碗の湯」や、天災の予防について考察した「津浪と人間」など、身近な自然現象を観察し、解釈を加えていくという形で、平易に、科学的なものの見方を教えてくれます。その一方、科学を過信せず、自然に対して畏敬の念を抱き続けた科学者としての姿勢は、時を経てもなお新鮮です。俳人でもあった寅彦の師、夏目漱石をめぐるエッセイは、ユーモアに富み、文豪漱石の人間性を垣間見せてくれます。

美しい日本語も、このエッセイの魅力です。物理や科学に興味のある人はもちろん、科学は苦手という人でも、自分の興味に合わせて選んで読んでいけます。

ノンフィクション

ノンフィクションには様々なジャンルがあります。表現方法も多岐にわたっています。写真や絵が多くを語る本もあれば、文章によって読者を新しい知識や考えに導く本もあります。身の回りのことを新しい観点から見せてくれる本、実験や観察に誘う本、実際には体験できない、時と場所を越えた世界を見せてくれる本もあります。

すぐれたノンフィクションは、まず、対象となる事柄が、きちんと子どもに理解できるように書かれていることが必要です。それは想像の及ばない深く広い世界の体験となり、それが子どもの〝今〟と結びついて、興味を広げていくのです。

ノンフィクションに欠かせない写真や絵は、作者が「見せたい」ものと、読者が「見たい」ものが一致していることが大切です。そして、それが文章とともに、「本物」を伝えているかどうかが、判断基準になります。一番大切なことは、子どもに本をわたすおとな自身が、その本から、知ることのよろこびを得られ、たのしんだという体験です。それをぜひ味わってください。

たんぽぽ（かがくのとも傑作集14）

平山和子 ぶん・え
北村四郎 監修
福音館書店　一九七二年
26×23　二三ページ

まず、「たんぽぽを　しっていますか」という文と、道に咲いている花の絵でたんぽぽを知らせます。ついで、冬は寒さをよけて地面に葉を寝かせていたたんぽぽが、春に新しい葉を出して立ち上がり、花を咲かせ、綿毛となり、根付く、という、たんぽぽの一生を描いた科学絵本です。

地面の下に伸びていく長い根は、ページの向きを変えて、縦に四ページにわたって描かれています。「この花はかぞえてみたら、二百四十もの小さな花のあつまり」、という説明文の下に、小さな花が二百四十ほど並んでいます。的確で正確な説明文と、綿毛が飛んできそうな写実的な絵。幼い子向けのノンフィクションの原点ともいうべき本です。「あなたのいえのちかくに、たんぽぽがありますか。さがしてみましょう」という締めくくりに、子どもたちはきっとさがしに飛び出していくことでしょう。

よわいかみ つよいかたち（かこ・さとし かがくの本8）

かこ・さとし 著・絵
童心社 一九六八年
（新版 一九八八年）
27×19 四〇ページ

ハガキを縦半分に切って作った橋の上には、十円玉が三枚乗ります。その橋をL字型に折ると三十八枚乗り、別の折り方では……。誰もがやってみたくなる、たのしい実験を通して、子ども自身が〝強い形〟を発見できる科学絵本です。

初版は四十年前に出版された本ですが、日々研究の進むノンフィクションの分野でも、時を越え、読み継がれる本がある、ということを感じます。

子どもたちは、実験をたのしみながら、自分で考え、工夫して、〝強い形〟の存在を知ります。そして、その形が、建築で使われる鉄筋など、日々の暮らしに役立っている、というさらなる発見へと導かれていく。子どもの理解に添った見事な構成です。その発見のよろこびは、「科学の世界」への興味につながっていくと思います。

人類の長い旅——ビッグ・バンからあなたまで

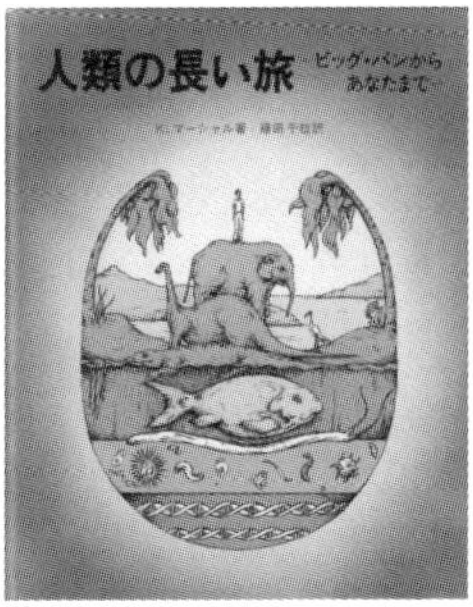

キム・マーシャル著
藤田千枝訳
さ・え・ら書房　一九八三年
23×19　一五一ページ

「どうして地球はできたの？」「どうして人は生まれたの？」という子どもたちの疑問にていねいに答えてくれる、よいノンフィクションの条件がぎっしり詰まっている本。

そもそものはじまり＝ビッグ・バンから、太陽系、地球の形成、そこでの生命の誕生から人類にいたる進化の過程を伝えます。同じような本はいろいろありますが、この本の見事さは、その見せ方です。学問の領域を超えた広い視点をもって、膨大な情報から枝葉を落とし、根幹を示すことで、壮大な物語のような、大きな流れを見せてくれるのです。この流れは現代まで続き、私たちの生きている今に続いています。副題に「あなたまで」とあるように。

三十五億年前から受け継がれた生命のバトンは、まさに読者の「あなた」に手わたされた、だから、自ら考え、行動してほしいという著者の思いがまっすぐ伝わってきます。

ジャガイモの花と実

板倉聖宣 著
楠原義一 画
福音館書店　一九六八年
22×17　六六ページ

普通、ジャガイモは、茎である芋を、いくつかに切って植えて育てます。ではなんのために、花は咲くのでしょうか。実はなるのでしょうか。こんな疑問にも、著者はていねいに答えてくれます。

著者は自らの戦争中の畑仕事の体験から話をはじめます。そして、生物の再生力の強さに触れてから、アメリカの農民バーバンクが、ジャガイモの実からとったタネで、ジャガイモの品種改良をはじめ、後に「植物の魔術師」と呼ばれるようになった話、ヨーロッパにジャガイモを広めるためにマリー・アントワネットが果たした意外な役割などを織り込みながら、自然の不思議と、それを人がどう利用してきたかを伝え、読者を科学の世界に引っ張っていきます。

身近なものを題材に、子どもに科学のおもしろさを伝えたい、という著者の思いが結実した一冊です。

クワガタクワジ物語（偕成社文庫）

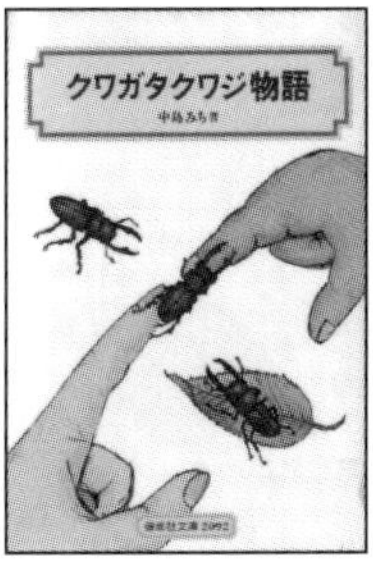

中島みち 著
［中島］太郎 さし絵
偕成社 二〇〇二年
19×13 一八四ページ

太郎くんが、一度に三匹も大好きなコクワガタを捕まえました。大喜びの太郎くんはクワガタに「クワ一《いち》、クワ二《じ》、クワ三《ぞう》」と名付けて飼いはじめます。小二から約三年間、このコクワガタの飼育体験を、太郎くんの日記や絵を挟みながら、医療問題のノンフィクションライターであるお母さんが綴りました。人なつっこいクワジは三夏を生き、母と子と深い交流をします。それが書名となりました。

小学校中学年に紹介すると、その体験を自分のことのように喜んで聞き、厚い本が苦手な子も夢中で読み通します。自らもクワガタに夢中になった著者と息子のたのしいやりとり、飼育を通して成長、死の痛みや命の繋がりにまで思いをはせる息子を見つめる母としての温かい目と、作家としての鋭い目が生み出したすぐれた作品です。

一九七四年、筑摩書房から刊行されましたが、文庫化を機に写真が変わり、より魅力的になりました。

本はこうしてつくられる

アリキ 作・絵
松岡享子 訳
日本エディタースクール出版部　一九九一年
26×21　三二ページ

「この本は、だれがつくったの？」という本好きの猫の坊やの疑問に答える形で、本作りの舞台裏を教える本です。「著者」のアイディアが、編集者やデザイナー、製版者など、たくさんの専門家の念入りな仕事を経て一冊の本となり、読者に届くまでを具体的に伝えます。やや、古い部分もありますが、基本的に本を作る工程は今も同じです。ルビが少なく、内容は高度ですが、小学校中学年以上なら、マンガ調の絵が親しみやすく、たのしんで理解できるでしょう。

モノの製作過程に携わっている多くの人々を知ると、そのモノへの愛情が増します。子どもの頃、パン工場の見学に行き、お土産のパンを大事に大事に食べたことを、この本を読んで思い出しました。一冊の本に込められた多くの人の仕事や熱意を知ることで、手わたす本に愛情が増すと思います。図書館員にはぜひ読んでほしい本です。

児童奉仕を理解するために

幼児期
えほんのせかい　こどものせかい
子どもと本の世界に生きて
児童図書館への道
児童図書館サービス論
幼い子の文学

これから図書館で児童奉仕を担当する人が、仕事の意義を知り、誇りをもって働くことができるように、また、仕事に必要な知識を手に入れることができるように、そのための助けになる本を六冊選びました。内訳は、以下の通りです。

①広く子どもを理解するための本（一冊）

②子どもの読書について、基本的な考え方を学ぶための本（一冊）

③児童図書館、学校図書館、子どもに対する図書館奉仕に関する本（三冊）

④児童文学、子どもの本に関する本（一冊）

これらの本は、いずれも先輩の図書館員たちがくり返し読み、ヒントや、助言や、励ましを受けてきたものです。

一度に全部読まなくても、折に触れて、少しずつ読んでくださるといいと思います。手元に置いて、くり返しひもといてくだされば、なおいいでしょう。きっとそのたびに新しい発見があるでしょうから。

幼児期——子どもは世界をどうつかむか（岩波新書）

岡本夏木 著
岩波書店　二〇〇五年
18×11　二三〇ページ

現在の日本には、「子どもたちの『今』はこれでいいのだろうか」と、考え込まざるを得ない状況があります。情報化・能力主義など、子どもの健全な成長、発達を困難にしている今日の社会の問題を正面からとらえ、対症療法的でなく、幼児期の意味と望ましいありようを、「しつけ」「遊び」「表現」「ことば」の四つの面から論じています。

読後、人間の生き方を形づくる子ども時代の大切さを改めて教えられ、子どもに向き合う自分の誠実さを問われる思いでした。子どもを一人の全体としてとらえる、教育を受ける子どもの側から見る、一生を見通す中で子ども時代を考える、といった著者の基本的な子ども観・教育観は、子どもに関わる者として深く心に留めておきたいと思います。同じ著者による『子どもとことば』『ことばと発達』も児童図書館員にとっては必読書です。

えほんのせかい　こどものせかい

松岡享子 著
日本エディタースクール出版部　一九八七年
19×14　二一二ページ

初めて読んだのは、学生の頃でした。ここから子どもや絵本のことを知りました。そして子どもと本に接する仕事をするようになった現在、折々に読み直すと、子どもはお話をひとつの経験として受けとめること、絵本の主人公と一体化すること、昔話には物語の原型があること、おとなが読んでやることの大切さなど、著者が説くひとつひとつのことが、自分の経験と合わせて、より深く納得できるようになりました。

もともとは幼い子どもをもつ親のために書かれたもので、語り口はやさしいのですが、子どもを本の世界に招き入れるためにおとなができること、よい絵本の条件など、入門期の読書についての基本がきちんとおさえられています。

後半に、グループへの読み聞かせの手引きと、それに向く絵本のリストもあり、初心者には最適です。

子どもと本の世界に生きて——児童図書館員のあゆんだ道

アイリーン・コルウェル 著
石井桃子 訳
こぐま社　一九九四年
18×12　二六二ページ

イギリスの公共図書館に児童奉仕を定着させた先駆者で、卓越したお話の語り手でもあった私たちの大先輩コルウェルさんが、将来どんな職業につこうかと考えている若い人に向けて書いた、自分の半生の物語。

本が大好きだった少女時代から、無理解な上司のもとで働く苦労を経て、創意と努力で児童奉仕という新しい分野を開拓していく道筋が、飾らないことばで綴られ、児童図書館員の仕事の基本がわかるだけでなく、誠実に生きるひとりの女性の姿に共感を覚えます。

「だいじなことは、私たちが、自分の仕事に確信をもつことです……こどもたちに、本の喜びを発見するカギを与えるチャンスは、私たちの手の中にあります……」

読むたびに、児童図書館員という仕事はすばらしい！と思え、コルウェルさんから励ましを受ける気がします。

児童図書館への道

ハリエット・G・ロング 著
友野玲子 訳
日本図書館協会　一九六六年
19×13　一一八ページ

献辞に「公共図書館で　子どもと本の仕事の中に　すばらしい生きがいを見いだしている方々に献ぐ」とあります。原書は半世紀以上も前に書かれたもの。地味な装丁、横書き。なんだか古めかしくて、読む気がしないかもしれません。でも、読んでみてください。

「選書や読書指導において子どもを『個人』として認める」ことや、「公共図書館と地域社会との関係」についてなど、簡潔に述べられた著者の指摘の数々は、まさに現在の私たちが抱えている具体的な問題に示唆を与えてくれるものです。著者がいうように、児童への図書館奉仕の方法は、国が違っても、時代が違っても「根本精神や原理は同じ」なのです。

著者は、長年児童図書館員の養成に携わり、アメリカ図書館界で児童奉仕の質の向上を支えた功労者のひとりです。

児童図書館サービス論 （新図書館情報学シリーズ12）

赤星隆子、荒井督子 編著
理想社　一九九八年
21×15　二三八ページ

資料、運営とサービス、研究など、図書館における児童サービスの基本を、実際に現場で仕事をしてきた著者たちが解説しています。大学で児童サービス論を学ぶ学生のための教科書で、教科書特有の地味な装丁とレイアウトですが、中身は、児童サービスの魅力をいきいきと、色鮮やかに伝えてくれるものです。

具体例をあげて、実感のこもったことばでなされた解説は、現場経験のない者にもわかりやすく、実際に仕事をしながら、必要な部分を読むと、よい指針が得られます。また、通読すると、「児童図書館に求められるもっとも基本的な役割は、次の世代を育てる」ことであり、だからこそ「図書館で働く人は選書の責任を負わなければならない」という大切なことを再確認できます。

手元に置いておくと、折々に助けになる本です。

幼い子の文学（中公新書）

瀬田貞二著
中央公論社　一九八〇年
18×11　二四八ページ

私たちが、子どもの本の質を考えるとき、頼りになる本が何冊かありますが、これはそのうちでも格別味わい深い一冊。「ナルニア国ものがたり」や、『三びきのやぎのがらがらどん』の訳者として知られる著者が、亡くなる三年前の一九七六年に、児童図書館研究会が主催する連続講座でされた講義を紙上で再現したものです。

わらべうた、詩、幼年文学を中心に、著者の好きな作品を縦横に引きながら、そこに見出されるたのしさや味わいを、さまざまな角度から自在に語っています。文学論というよりは、話者の体温の伝わる談話という感じですが、話の中身は軽いものではありません。くり返し、じっくり読んでいくうちに、春の雨のように心にしみてきて、仕事の土壌をうるおしてくれるといった趣の本です。同じ著者による『絵本論』（福音館書店）も熟読に価します。

あとがき

東京子ども図書館では、一九九八年から、そのときどきにテーマを選んで、「子どもの図書館講座」を開いてきました。二〇〇四年度に開かれた第9期の講座では、「次世代の児童図書館員のために」と題して、松岡享子が、若い日にアメリカのボルティモア市立イーノック・プラット公共図書館で児童図書館員として働いたときの体験を話しました。

職員研修の実態がくわしく語られましたが、中でも、このとき受講者がとくに関心を示したのが、「ベーシック・リーディング・リスト」と呼ばれるブックリストのことでした。これは、児童図書館員として必ず読んでおくべき子どもの本と、その関連書約三百冊のリストで、新任図書館員には着任と同時に手わたされ、二年間ですべてを読み、原則として六週間置きに児童部長と、それについて話し合うというものでした。

講座の終了時に、受講者たちから、そのようにはいかないだろうけれど、自分たちも、同じようなリストをつくれないだろうか、という声があがり、翌年の第10期の子どもの図書館講座「児童図書館員として読むべき基本図書のリストをつくる」へと発展しました。ベテランと新人合わせて二十三人ですすめられた全六回の講座では、手はじめに「児童奉仕を理解するための本」二十三冊のリストアップにこぎつけました。残りのジャンルについては、自主勉強会の形で作業をすすめることとなり、延べ六十一名に及ぶメンバーが、「絵本」「フィクション」「昔話・神話・英雄物語」「詩・わらべうた」「伝記・エッセイ」「ノンフィクション」の六分野に分かれ、それぞれが同時進行で、候補の本をあげて検討する、リストに収める本を選ぶ、解題を書くという作業を行いました。本選びに当たっては、新任者が負担に感じないように、できるだけ冊数を少なく抑えること、解題を書くに当たっては、先輩から後輩へのアドバイスのつもりで、できるだけ親しみやすいものにすることを心がけました。

このリストは、基本的には、初めて子どもと子どもの本に関わる仕事についた人を対象にしたものです。けれども、取り上げられたのは、熱い討議を経て、厳選された作品ばかりなので、だれが読んでもおもしろいと思いますし、経験のある人が読めば、もういちど原点に戻って考えるよいきっかけとなるでしょう。

これらの作品を読むことによって、毎日の仕事が、よりたのしく、興味深いものになりますように。新任児童図書館員のみなさんのご健闘をいのります。

二〇〇八年 五月　　　　「新・この一冊から」をつくる会

書名索引

——人名索引——

著者・訳者・画家

「新・この一冊から」
を
つくる会

絵本

細谷みどり（千葉・みどり文庫）
斉藤順子（山梨・のはら子ども文庫）
鈴木朋実（千葉市・学校図書館指導員）
野上千恵子（県立新潟中央高等学校）
藤見朝香（元「教文館ナルニア国」スタッフ）
細井美智子（出版社勤務）
山本美帆（保育士助手・学童指導員）

フィクション

田村あづさ（新潟市立真砂小学校）
大瀧綾子（新潟市立内野小学校）
加藤恵子（新潟市立女池小学校）
子田則子（新潟市立桜が丘小学校）
小林恵子（新潟市立五十嵐中学校）
佐藤喜美子（新潟市立小針小学校）
白江まり子（新潟市立松浜図書館）
鈴木典（新潟市立赤塚中学校）
髙橋史子（新潟市立松浜図書館）
長谷川憲子（新潟市立豊栄南小学校）
馬場健（新潟市立東曽野木小学校）
藤田陽子（新潟市立豊栄図書館）
森直美（新潟市立山の下図書館）

●通信参加

阿部裕子（新潟市役所市民生活課）
新江理佳（栃木・大田原市立黒羽図書館）
伊藤幸子（新潟市立東山の下小学校）
高橋伸子（大分・松本記念児童図書館）
長谷川学（新潟市立白南中学校）
林聡子（新潟市立亀田西中学校）
林陽子（千葉・富里市立図書館）
山田圭子（新潟市立宮浦中学校）

昔話・神話

＊中井登志子（元奈良・天理市立図書館）
朝岡久美子（奈良・桜井市立図書館）
飯村はるか（さいたま文学館資料情報課）
清水淳子（奈良・生駒市図書会館）
高橋伸子（大分・松本記念児童図書館）
橋本比佐子（奈良・川西町立図書館）
原口なおみ（茨城キリスト教大学）

詩・わらべうた

佐藤順子（東京・つくしんぼ文庫）
岡潤子（ゆりがおか児童図書館・ゆりの子会）
高橋公美（東京・いなぎおはなしの会）
坪川祥子（福井おはなしの会）
中野百合子（東京・三鷹市立高山小学校）
山崎千恵子（八戸おはなしの会　紙風船）

伝記・エッセイ

田島多恵子（茨城・谷中子ども文庫）
阿部政子（茨城・谷中子ども文庫）
粟井敦子（茨城・龍ヶ崎市立龍ヶ崎小学校）
飯島裕子（茨城・取手市立ふじしろ図書館）
石塚裕子（茨城・児童クラブ指導員）
市塚佳代（茨城・龍ヶ崎市立長山中学校）
伊藤千賀子（茨城・ホットケーキおはなしの会）
川嶋智美（滋賀・安土町立図書館）
近藤たみ（茨城・取手市立ふじしろ図書館）
関口朱実（茨城・牛久市立岡田小学校）
水野房江（茨城・谷中子ども文庫）
村山寿美恵（茨城・ホットケーキおはなしの会）

ノンフィクション

杉山きく子（東京都立多摩図書館）
大森恵子（東京・三鷹市立第五小学校）
小野寺愛美（東京・学校図書館）
児玉ひろ美（JPIC 読書アドバイザー）
調裕子（東京・練馬区立春日町図書館）
＊関口薫（国立国会図書館国際子ども図書館）
福岡淳子（東京・中野区立東中野小学校）
吉井めぐみ（国立国会図書館国際子ども図書館）

児童奉仕を理解するために

・第10期子どもの図書館講座の受講生

小関知子（東京・三鷹市立西部図書館）
護得久えみ子（東京子ども図書館研修生）
越路ひろの（東京・調布市立図書館）
千葉慶吾（東京・三鷹市役所）
吉澤香奈子（東京・稲城市立中央図書館）
新江理佳　飯村はるか　大森恵子
小野寺愛美　川嶋智美　斉藤順子
佐藤喜美子　調裕子　関口薫
高橋伸子　田島多恵子　田村あづさ
中井登志子　中野百合子　林陽子
藤見朝香　細谷みどり　吉井めぐみ

——東京子ども図書館——

松岡享子
荒井督子
＊飯野真帆子

・肩書は 2007 年 3 月時点のものです
・各グループの一番上はリーダー
・＊は編集担当

●●●さらに読みすすめたいあなたへ、おすすめの子どもの本のリスト

今、この本を子どもの手に

東京子ども図書館 編　A5 判　192 頁
定価：本体 1000 円＋税　ISBN978-4-88569-075-4

書店で手に入る児童書の中から選りすぐった 1000 冊を収録（2014 年 8 月価格調査）。対象は幼児から中高生。絵本、物語、昔話、詩、伝記、図鑑、科学読み物等を、簡潔な内容紹介や対象年齢とともに紹介しています。

絵本の庭へ　（児童図書館 基本蔵書目録 1）

東京子ども図書館 編　A5 判　400 頁
定価：本体 3600 円＋税　ISBN978-4-88569-199-7

戦後出版された絵本から、子どもたちに手渡しつづけたい 1157 冊を厳選、それぞれに表紙の画像と簡潔な紹介文をつけました。キーワードから本を探せる件名索引、お話会に役立つ読み聞かせマークなども充実しています。図書館はもちろん、文庫や幼稚園、保育園、ボランティアの方々に幅広くご活用いただけます。

子どもの本のリスト

――「こどもとしょかん」新刊あんない 1990 ～ 2001 セレクション

東京子ども図書館 編　A5 判　212 頁
定価：本体 1600 円＋税　ISBN978-4-88569-181-2

機関誌「こどもとしょかん」（45 ～ 92 号）の「新刊あんない」欄で推薦した本から、おすすめの 764 冊をえらびました。絵本・文学ばかりでなく、伝記やノンフィクションも収録しています。テーマから本を探せる件名索引が、子どもと本をつなぐ活動を後押しします。

●出版物をご希望の方は、お近くの書店から、地方・小出版流通センター扱いでご注文ください。当館へ直接注文の場合は、はがき、電話、ファックス、メールで書名、冊数、送り先をおしらせください。総額 2 万円以上のご注文の方、賛助会費を 1 万円以上お支払の方は、送料をこちらで負担いたします。　**メールアドレス** honya@tcl.or.jp

東京子ども図書館は、子どもの本と読書を専門とする私立の図書館です。1950年代から60年代にかけて東京都内4ヵ所ではじめられた家庭文庫が母体となり1974年に設立、2010年に内閣総理大臣より認定され、公益財団法人になりました。子どもたちへの直接サービスのほかに、“子どもと本の世界で働くおとな”のために、資料室の運営、出版、講演・講座の開催、人材育成など、さまざまな活動を行っています。くわしくは、当館におたずねくださるか、ホームページをご覧ください。 URL http://www.tcl.or.jp

---

新・この一冊から 子どもと本をつなぐあなたへ

2008年6月30日 初版発行
2015年12月1日 第4刷発行

編 集 「新・この一冊から」をつくる会
発行者・著作権所有 公益財団法人 東京子ども図書館
〒165-0023 東京都中野区江原町1-19-10
Tel. 03-3565-7711 Fax. 03-3565-7712
振替 00130-9-115393
印刷・製本 株式会社 ユー・エイド

ISBN 978-4-88569-073-0 Printed in Japan